# SABIDURÍA DIARIA PARA ALCANZAR EL ÉXITO

WAYNE W. DYER

EL GRANO Ð MOSTAZA

Título: Sabiduría diaria para alcanzar el éxito
Autor: Wayne W. Dyer

Publicado originalmente en 2006 por Hay House Inc., con el título:
EVERYDAY WISDOM FOR SUCCESS
Copyright © 2006 de Wayne W. Dyer

Primera edición en España, 2023
© para la edición en España, El Grano de Mostaza Ediciones

Impreso en España
ISBN PAPEL: 978-84-126297-4-3
ISBN EBOOK: 978-84-126297-5-0
DL: B 3372-2023

El Grano de Mostaza Ediciones, S.L.
Carrer de Balmes 394, principal primera
08022 Barcelona, Spain
www.elgranodemostaza.com

# SABIDURÍA DIARIA PARA ALCANZAR EL ÉXITO

WAYNE W. DYER

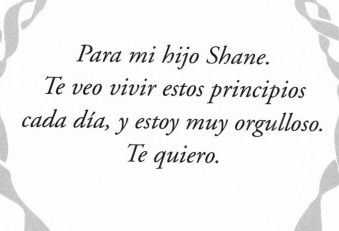

*Para mi hijo Shane.*
*Te veo vivir estos principios*
*cada día, y estoy muy orgulloso.*
*Te quiero.*

*Perseguir* el éxito es como intentar
agarrar un puñado de agua.
Cuanto más aprietas, menos agua
tienes. Cuando lo persigues, tu vida
se convierte en la persecución,
y tú te conviertes
en la víctima que siempre quiere más.

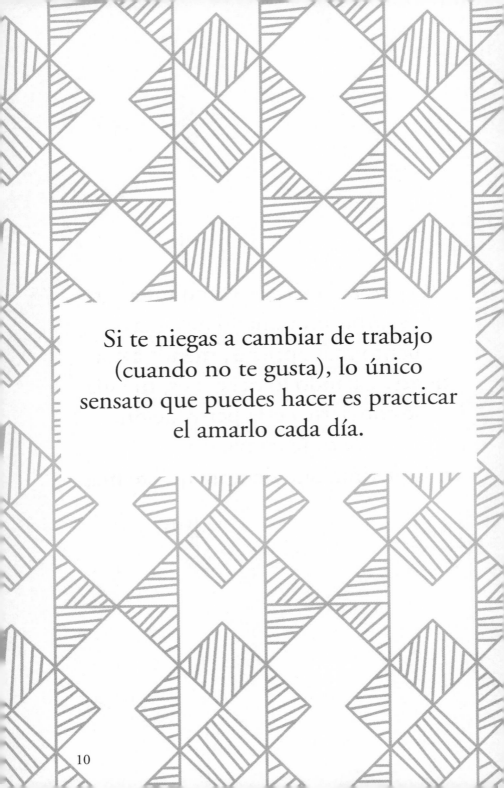

Si te niegas a cambiar de trabajo
(cuando no te gusta), lo único
sensato que puedes hacer es practicar
el amarlo cada día.

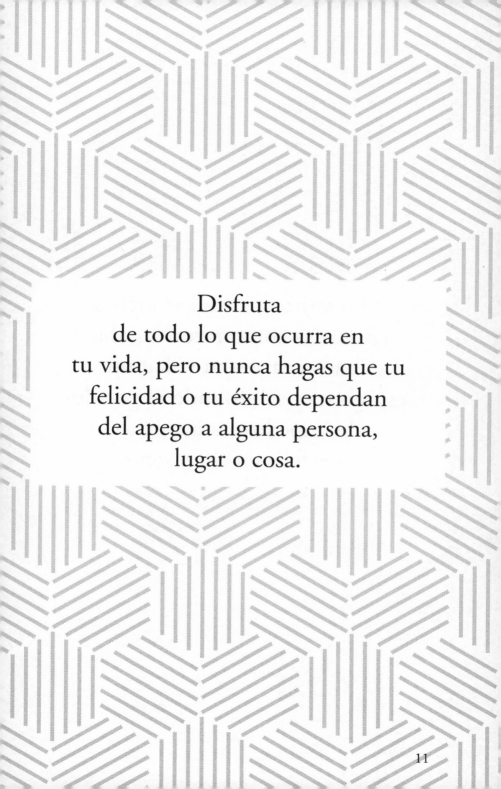

Disfruta
de todo lo que ocurra en
tu vida, pero nunca hagas que tu
felicidad o tu éxito dependan
del apego a alguna persona,
lugar o cosa.

Al referirte a antiguas luchas
y usarlas como razones para
no avanzar en tu vida hoy,
estás responsabilizando al pasado
de impedirte tener éxito
o ser feliz en el presente.

Cuanto más te veas a ti mismo
como aquello en lo que te gustaría
convertirte,
y actúes como si lo que quieres
ya estuviera aquí,
más activarás
esas fuerzas durmientes que
colaborarán para transformar
tu sueño en tu realidad.

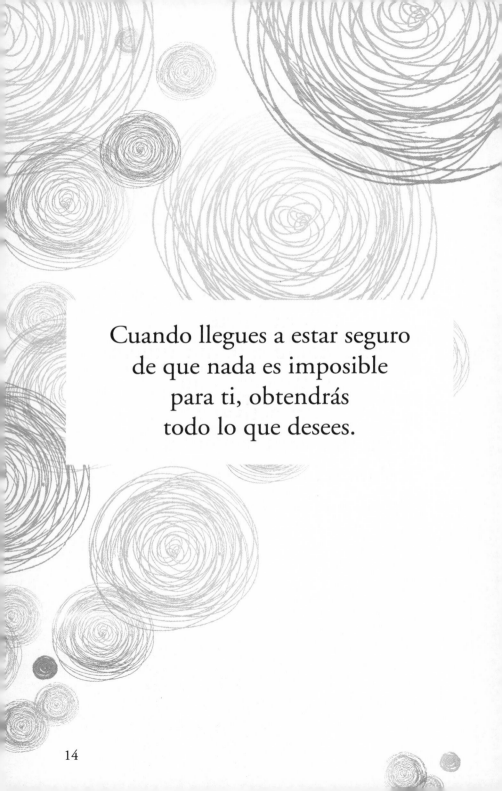

Cuando llegues a estar seguro
de que nada es imposible
para ti, obtendrás
todo lo que desees.

Al involucrarte
en tus actividades diarias,
está bien hacer lo que quieras,
siempre que no estés interfiriendo
en el derecho de los demás
a hacer lo mismo.

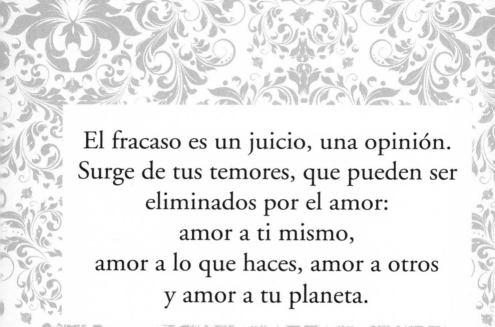

El fracaso es un juicio, una opinión.
Surge de tus temores, que pueden ser
eliminados por el amor:
amor a ti mismo,
amor a lo que haces, amor a otros
y amor a tu planeta.

Camina esa milla de más
para adquirir
lo que quieres,
tanto para atraerlo
como para darlo.

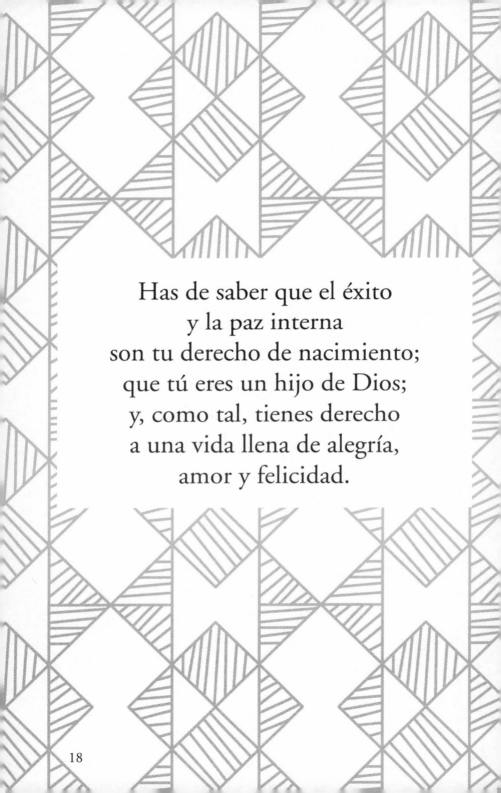

Has de saber que el éxito
y la paz interna
son tu derecho de nacimiento;
que tú eres un hijo de Dios;
y, como tal, tienes derecho
a una vida llena de alegría,
amor y felicidad.

No puedes ir
por ahí siendo lo que todo el mundo
espera que seas, viviendo tu
vida de acuerdo con
las reglas de otros,
y ser feliz y exitoso.

Da gracias por todo
lo que eres y todo
lo que tienes; este es el primer
paso para descartar
la mentalidad de escasez.

A medida que pongas más
y más de tu energía
en lo que tienes intención
de manifestar,
empezarás a ver que esas
intenciones se materializan.

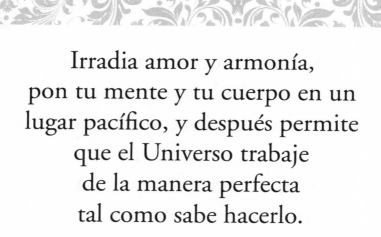

Irradia amor y armonía,
pon tu mente y tu cuerpo en un
lugar pacífico, y después permite
que el Universo trabaje
de la manera perfecta
tal como sabe hacerlo.

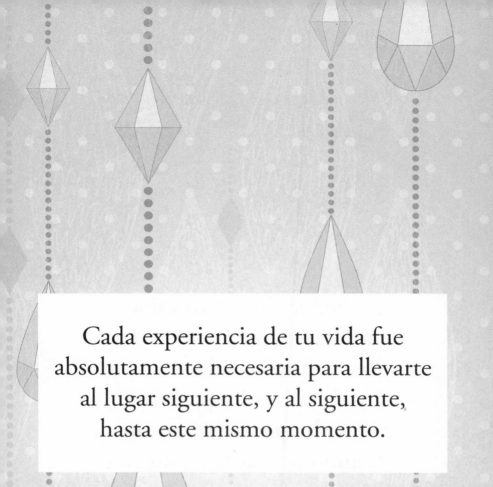

Cada experiencia de tu vida fue
absolutamente necesaria para llevarte
al lugar siguiente, y al siguiente,
hasta este mismo momento.

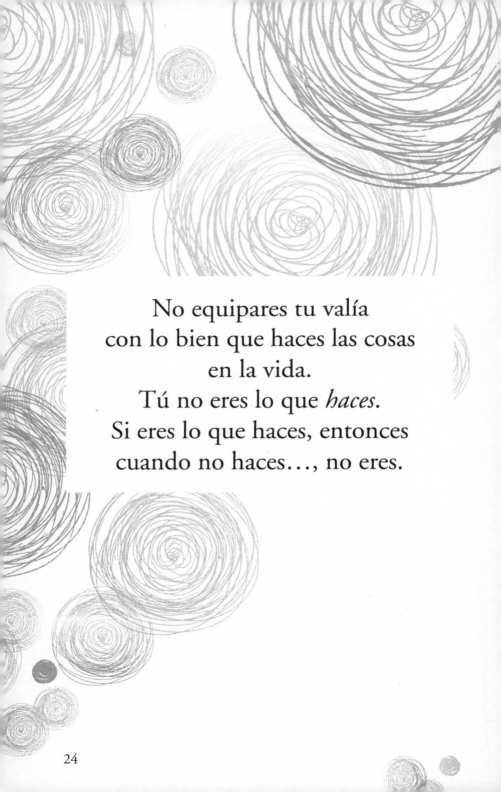

No equipares tu valía
con lo bien que haces las cosas
en la vida.
Tú no eres lo que *haces*.
Si eres lo que haces, entonces
cuando no haces…, no eres.

La mayoría de la gente
busca la felicidad
fuera de sí misma. Este es
un error fundamental.
La felicidad es algo
que tú *eres,* y viene de
tu manera de pensar.

Nunca olvides que hacer
lo que más te gusta es la piedra
angular para alcanzar el éxito
en la vida.

Puedes modificar tu manera
de pensar
para que nunca tengas que
volver a pensar
en términos negativos. Tú, y solo tú,
eliges tus pensamientos.

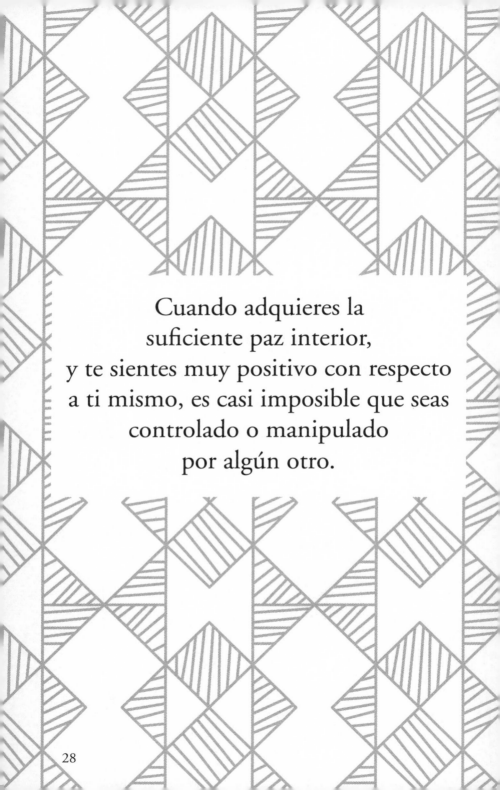

Cuando adquieres la
suficiente paz interior,
y te sientes muy positivo con respecto
a ti mismo, es casi imposible que seas
controlado o manipulado
por algún otro.

*Tú* controlas tus emociones.
No tienes que explotar
de ira cuando algún otro
decide enfadarse
o comportarse de forma vengativa.

Cuando te quedas inmovilizado
por lo que alguien piensa de ti,
lo que estás diciendo es: «Tu opinión
de mí es más importante que
mi propia opinión de mí mismo».

Nadie puede generar negatividad o tensión dentro de ti. Solo tú puedes hacerlo en virtud de cómo procesas tu mundo.

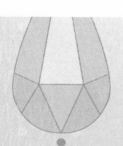

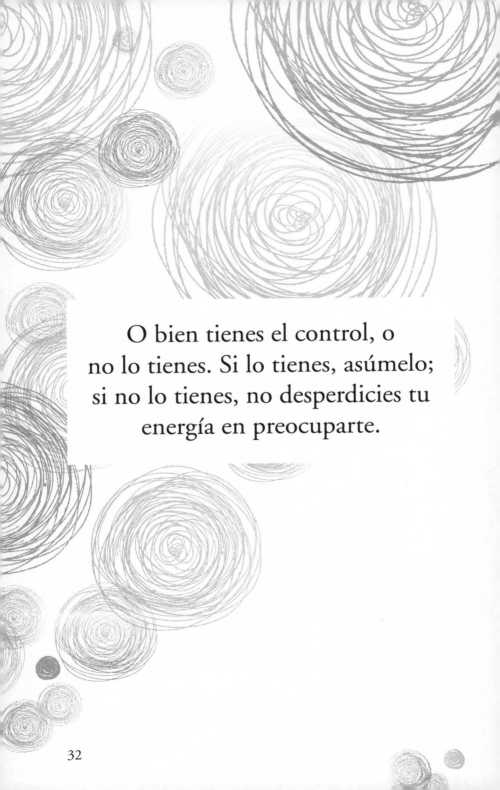

O bien tienes el control, o
no lo tienes. Si lo tienes, asúmelo;
si no lo tienes, no desperdicies tu
energía en preocuparte.

Puedes sentarte ahí eternamente,
lamentándote
de lo malo que has sido, sintiéndote
culpable hasta morir,
pero ni la más mínima
porción de esa culpa hará nada
por cambiar algo del pasado.

Uno de los lugares más elevados a los que puedes llegar es a ser independiente de las buenas opiniones de otras personas.

Si ahora mismo estás sufriendo
en tu vida, puedo garantizarte que ese
estado está ligado a algún tipo
de apego a cómo
*deberían* ir las cosas.

Cuando te quejas de tus
limitaciones, lo único que consigues
son más limitaciones.

Las personas sin límites
están tan al cargo
que pueden confiar en sus instintos,
ser como niños, ser creativas, y hacer
cualquier cosa que tenga sentido
para ellas.

Estás asociado
con todos los demás seres humanos,
y esto no es un concurso
para ser juzgado
mejor que algunos y
peor que otros.

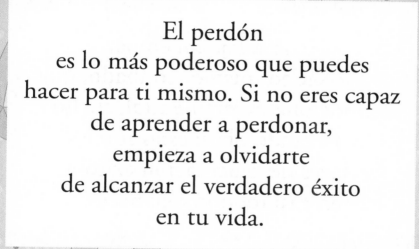

El perdón
es lo más poderoso que puedes
hacer para ti mismo. Si no eres capaz
de aprender a perdonar,
empieza a olvidarte
de alcanzar el verdadero éxito
en tu vida.

Estar relajado, en paz
contigo mismo, confiado,
emocionalmente neutral, suelto
y flotando libre; estas son las
claves de la actuación exitosa
en casi todo lo que haces.

Tú siempre eres un ser
humano valioso
y que merece la pena —no
porque alguien más lo diga,
no porque estés ganando mucho
dinero—, sino porque
decides *sabe*r que es así.

Cuanto más extiendas la bondad
hacia ti mismo, más se
convertirá en tu
respuesta automática a otros.

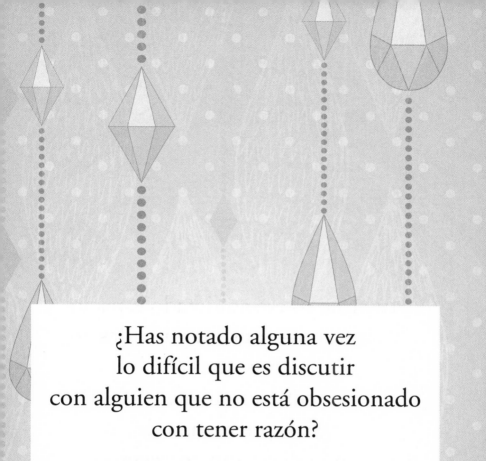

¿Has notado alguna vez
lo difícil que es discutir
con alguien que no está obsesionado
con tener razón?

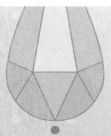

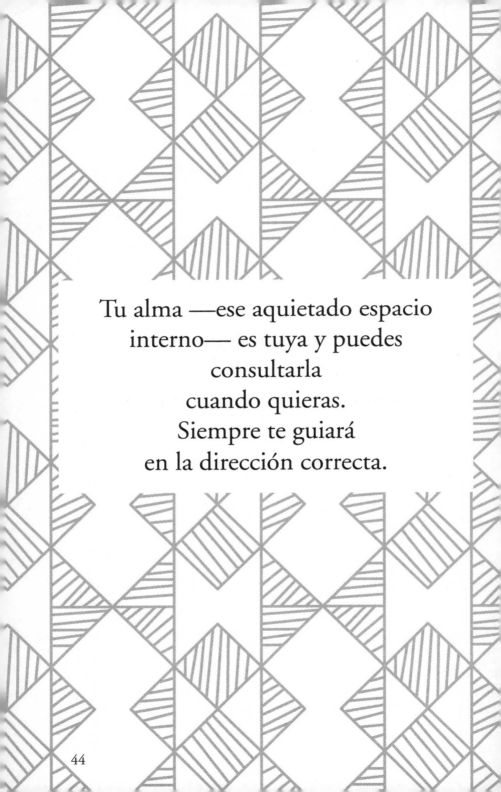

Tu alma —ese aquietado espacio
interno— es tuya y puedes
consultarla
cuando quieras.
Siempre te guiará
en la dirección correcta.

Una vez que creas en ti mismo,
y veas que tu alma es Divina y preciosa,
te convertirás automáticamente
en un ser
capaz de tener éxito.

Nadie puede deprimirte.
Nadie puede hacer que estés ansioso.
Nadie puede herir tus sentimientos.
Nadie puede hacerte nada
distinto de lo que tú
permitas dentro de ti.

Sé continuamente consciente
de la necesidad
de servir a Dios y de servir
a los demás
en todas y cada una de tus acciones.

Tener un plan para conseguir el éxito
no es necesariamente nocivo,
pero enamorarte del plan
es una verdadera neurosis… No dejes
que tu plan llegue a ser más grande
que tú.

Tienes un derecho a tener éxito
otorgado por Dios.
A ojos de tu Creador,
nadie en este planeta
es mejor que tú.

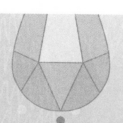

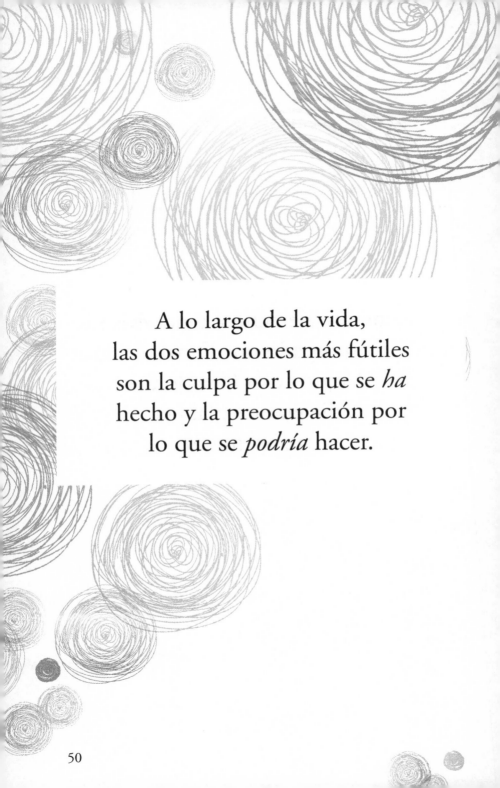

A lo largo de la vida,
las dos emociones más fútiles
son la culpa por lo que se *ha*
hecho y la preocupación por
lo que se *podría* hacer.

¿Por qué no piensas en algunas cosas
que nunca has hecho antes y las haces
simplemente porque nunca
las has hecho,
sin que medie ninguna otra razón?

Un sentido del propósito no es algo
que encuentras; es algo que eres.
La verdad no es algo que buscas;
es algo que vives.

Tú creas tus pensamientos, tus pensamientos crean tus intenciones y tus intenciones crean tu realidad.

La persona que te devuelve
la mirada en el espejo es aquella
ante la que tienes que responder
cada día.

Deja de enfocarte
en lo que no tienes
y toma nota de todo
lo que *sí* tienes.

El estado de tu vida
solo es un reflejo de tu
estado mental.

Si quieres hallar un significado
más profundo
a tu vida, no puedes encontrarlo
en las opiniones o en las creencias
que te han
sido transmitidas. Tienes que ir
a ese lugar dentro de ti mismo.

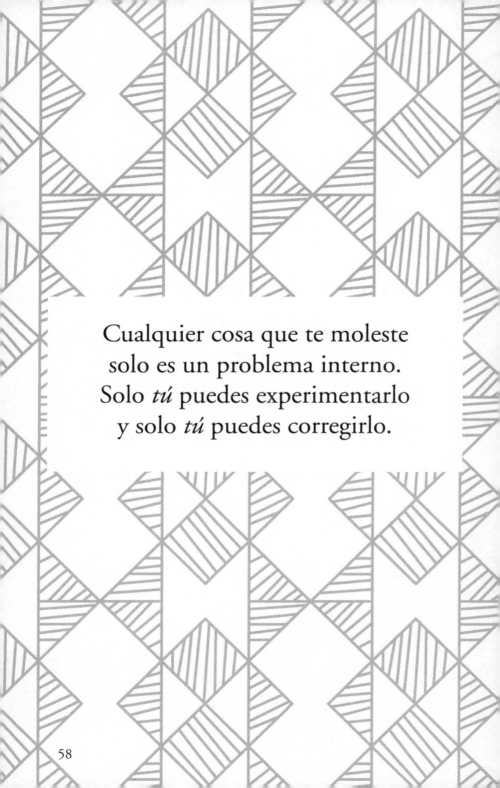

Cualquier cosa que te moleste
solo es un problema interno.
Solo *tú* puedes experimentarlo
y solo *tú* puedes corregirlo.

Tienes una mente poderosa
que puede
hacer que ocurra cualquiera cosa
siempre que te mantengas centrado.

No hay estrés
en el mundo,
solo personas
pensando pensamientos
estresantes.

La vida nunca es aburrida,
pero algunas personas eligen
estar aburridas…
El aburrimiento es una elección.

Si quieres sentirte seguro
de ti mismo,
pero normalmente no actúas así,
entonces hoy,
solo esta vez, actúa en
el mundo físico
como creas que lo haría
una persona segura de sí misma.

Procura aprender del pasado
en lugar de repetirlo
y referirte a él
todo el tiempo.

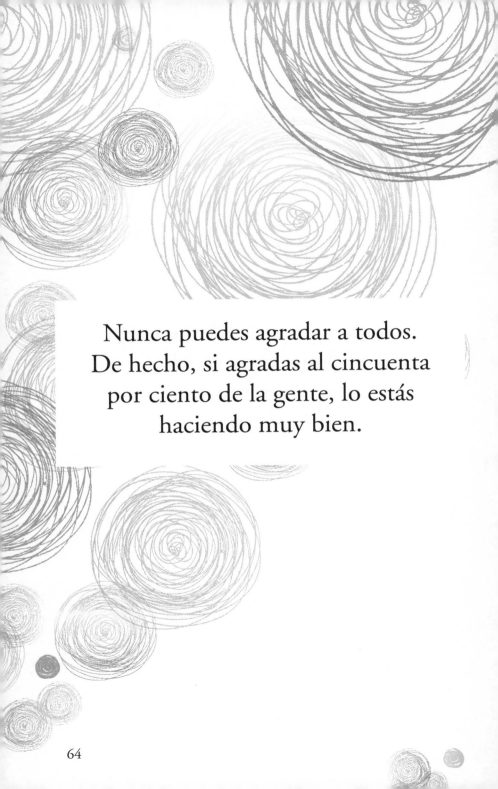

Nunca puedes agradar a todos.
De hecho, si agradas al cincuenta
por ciento de la gente, lo estás
haciendo muy bien.

Recuerda que cada una de las cosas
por las que has pasado
ha ayudado a traerte
adonde estás hoy.

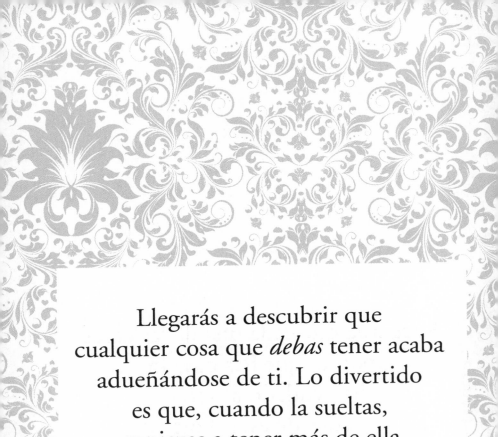

Llegarás a descubrir que
cualquier cosa que *debas* tener acaba
adueñándose de ti. Lo divertido
es que, cuando la sueltas,
empiezas a tener más de ella.

Si quieres encontrar tu verdadero
propósito en la vida, has de saber esto
con certeza:
solo hallarás tu propósito
en el servicio a los demás y en estar
conectado con algo mucho mayor
que tu cuerpo/mente/ego.

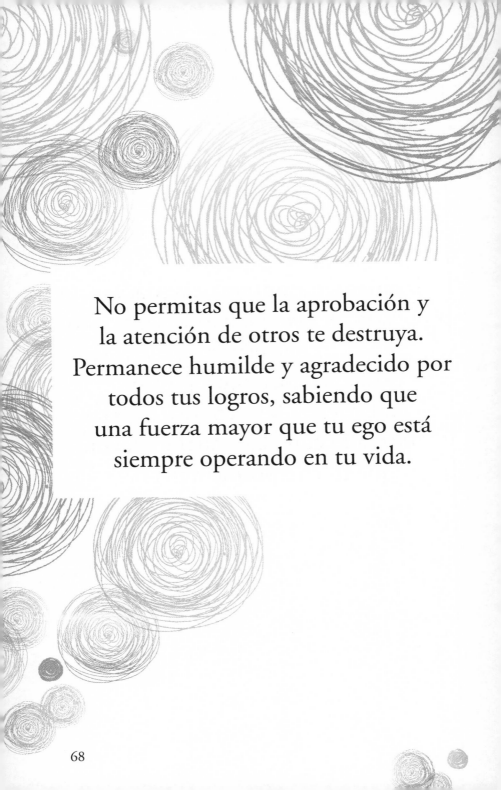

No permitas que la aprobación y
la atención de otros te destruya.
Permanece humilde y agradecido por
todos tus logros, sabiendo que
una fuerza mayor que tu ego está
siempre operando en tu vida.

Establece un compromiso interno
de respetarte a ti mismo
y de sentirte merecedor de todo
lo que el Universo tiene que ofrecer.

Trátate a ti mismo y a otros con bondad cuando comes, haces ejercicio, juegas, trabajas, amas y todo lo demás.

Para conseguir lo que quieres,
haz un seguimiento de tu diálogo
interno y acompasa tus pensamientos
con lo que tienes intención de crear.

La verdad es que,
si uno de nosotros tiene éxito,
todos lo tenemos.

Lo que te ofende no hace
sino debilitarte. Estar ofendido
genera la misma energía destructiva
que te ofendió originalmente;
de modo que transciende tu
ego y permanece en paz.

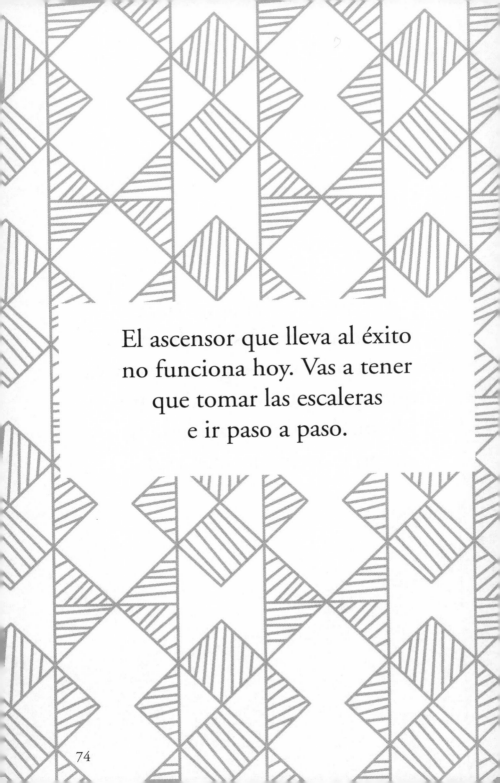

El ascensor que lleva al éxito
no funciona hoy. Vas a tener
que tomar las escaleras
e ir paso a paso.

Abandona la necesidad de tu ego de tener razón. Cuando estés en medio de una discusión, pregúntate: *¿Prefiero tener razón o ser feliz?*

Siéntete agradecido por el maravilloso
don de ser capaz de servir
a la humanidad, a tu planeta y
a tu Dios. ¡Esto es mucho
por lo que sentirse agradecido!

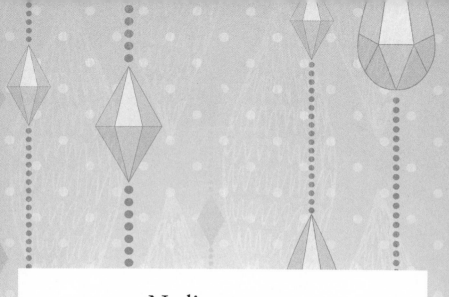

Nadie es capaz
de disgustarte sin tu consentimiento,
de modo que si empiezas a practicar
la intención de ser auténtico y
pacífico con *todos*, conectas
con la paz misma.

Si te tratan mal,
es que has estado enviando señales
de «tratadme mal».

Un propósito no es algo
que vayas a encontrar.
Es algo que te encontrará a ti.
Y solo te encontrará cuando
estés preparado, y no antes.

Este magnífico Universo provee
abundantemente cuando estás en un
estado de gratitud.

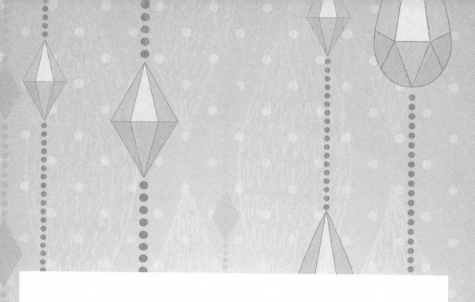

Actúa *como si* lo que tienes intención de manifestar en la vida ya fuera una realidad. Elimina los pensamientos sobre condiciones, limitaciones o la posibilidad de que algo no se manifieste.

Determina lo que crees
que es imposible y, a continuación,
cambia tus creencias.

Puedes sentirte
auténticamente abundante y exitoso
cuando te desapegas de las
cosas que deseas y les permites
fluir a ti, y *a través* de ti.

Todas «las cosas» de tu vida han llegado para servirte, más que para hacer de ti un sirviente de las cosas.

No puedes esperar atraer a tu vida a personas buenas, seguras de sí mismas y generosas si piensas y actúas de maneras crueles, débiles y egoístas. Debes emitir lo que quieres atraer.

Has de saber que todo
ocurrirá en el momento justo,
en el lugar justo,
con las personas adecuadas.

Las cualidades de creatividad y genialidad están dentro de ti, esperando tu decisión de asociarlas con el poder de la intención.

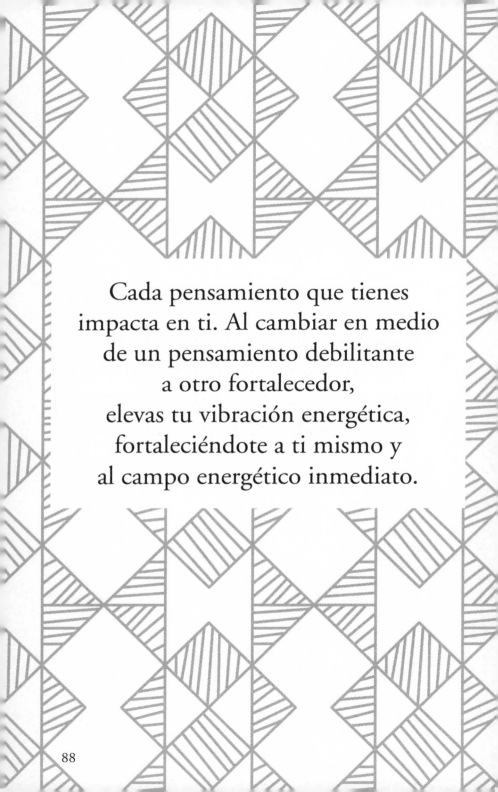

Cada pensamiento que tienes
impacta en ti. Al cambiar en medio
de un pensamiento debilitante
a otro fortalecedor,
elevas tu vibración energética,
fortaleciéndote a ti mismo y
al campo energético inmediato.

Algunas personas creen que viven una vida de carencia porque son desafortunadas, en lugar de darse cuenta de que sus sistemas de creencias están enraizados en pensamientos de escasez.

No siempre puedes ser el número uno, ganar un concurso, obtener la banda al mérito o estar en el cuadro de honor, pero siempre *puedes* pensar en ti mismo como en una persona importante y valiosa.

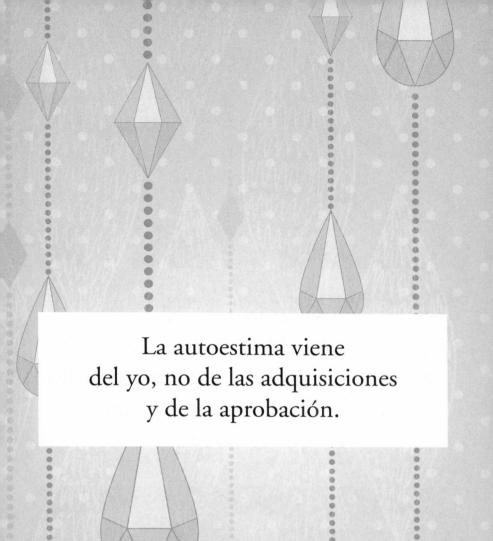

La autoestima viene
del yo, no de las adquisiciones
y de la aprobación.

No es lo accesible
ni lo inalcanzable lo que determina tu
nivel de éxito y felicidad, sino aquello
de lo que estás convencido
que es verdad.

Conserva en tu mente
una imagen sólida de la tarea
que quieres realizar, y niégate a dejar
que esa intención desaparezca.

Comprométete de verdad a hacer
lo que amas y
a amar lo que haces, ¡hoy mismo!

El alcohol, como todas las drogas
—legales o ilegales—, reduce
el nivel de energía de tu cuerpo
y te debilita. Al renunciar
a algunas sustancias,
puedes alcanzar el nivel
de éxito que anhelas.

Simplemente ralentízate
y disfruta de todo.

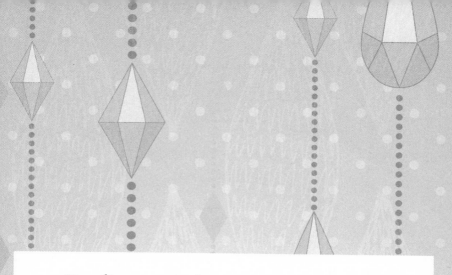

Realiza anónimamente actos de bondad, sin esperar nada a cambio, ni siquiera un gracias. El Espíritu universal que todo lo crea responde a los actos de bondad preguntándote:
*¿Cómo puedo ser bondadoso contigo?*

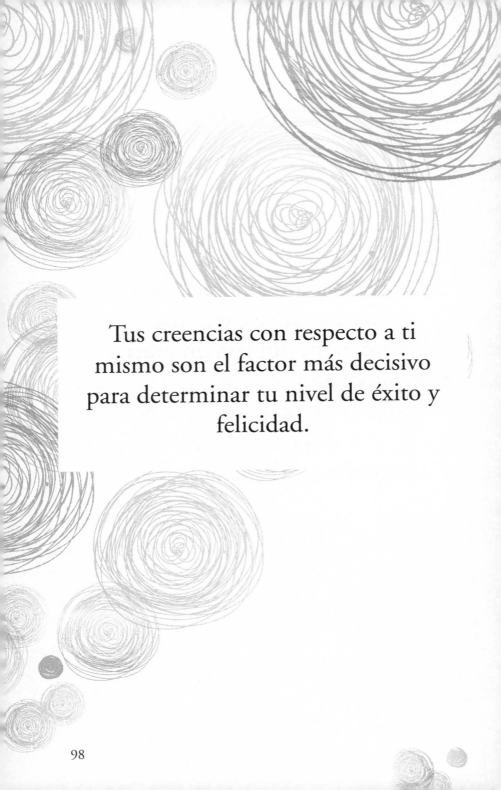

Tus creencias con respecto a ti mismo son el factor más decisivo para determinar tu nivel de éxito y felicidad.

Aquello en lo que piensas
se expande. Si tus
pensamientos están centrados en
lo que no estás consiguiendo en la
vida, entonces, por definición, lo que
no estás consiguiendo
tendrá que expandirse.

Cada una de las situaciones
de tu vida puede mejorar si
aprendes a ser más eficaz
en visualizar lo que quieres
y en tener la intención
de manifestarlo.

Los individuos que se etiquetan a sí mismos están diciendo: «Soy un producto acabado en este área, nunca voy a ser diferente». Si eres un producto acabado, empaquetado y almacenado, has dejado de crecer.

Si te descubres creyendo que siempre serás como siempre has sido, estás en contra de tu propio crecimiento personal.

Para alcanzar el éxito en todas las áreas de la vida, cambia de conciencia hacia el aprecio de todo lo que eres y de todo lo que tienes la bendición de poseer.

El miedo al fracaso se convierte en miedo al éxito para quienes nunca intentan nada nuevo.

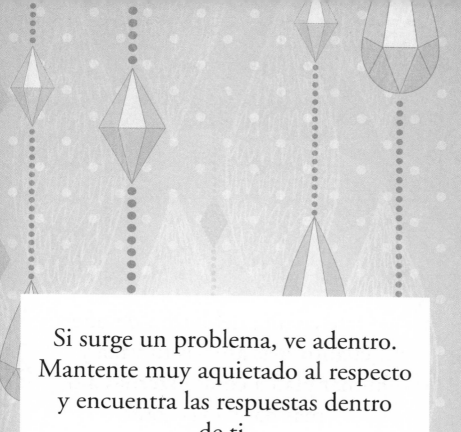

Si surge un problema, ve adentro. Mantente muy aquietado al respecto y encuentra las respuestas dentro de ti.

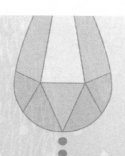

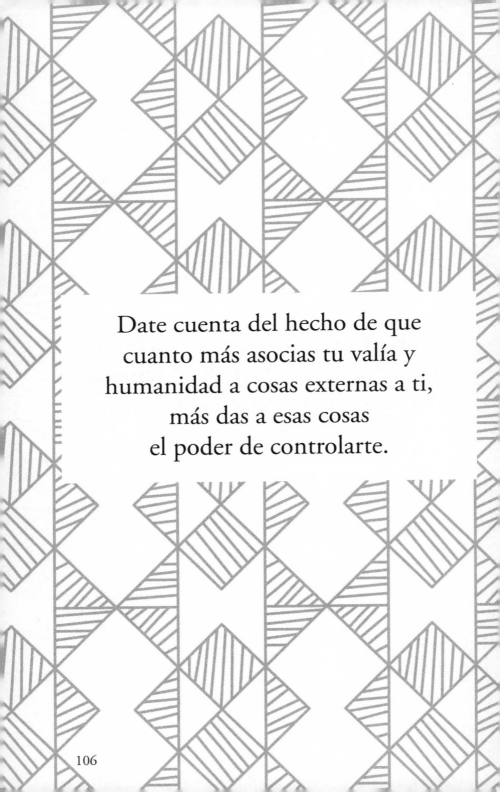

Date cuenta del hecho de que
cuanto más asocias tu valía y
humanidad a cosas externas a ti,
más das a esas cosas
el poder de controlarte.

Mira a cada experiencia que hayas tenido alguna vez, y a cada persona que haya desempeñado un papel en tu vida, como que han sido enviadas a ti para tu beneficio.
En este Universo,
simplemente no hay accidentes.

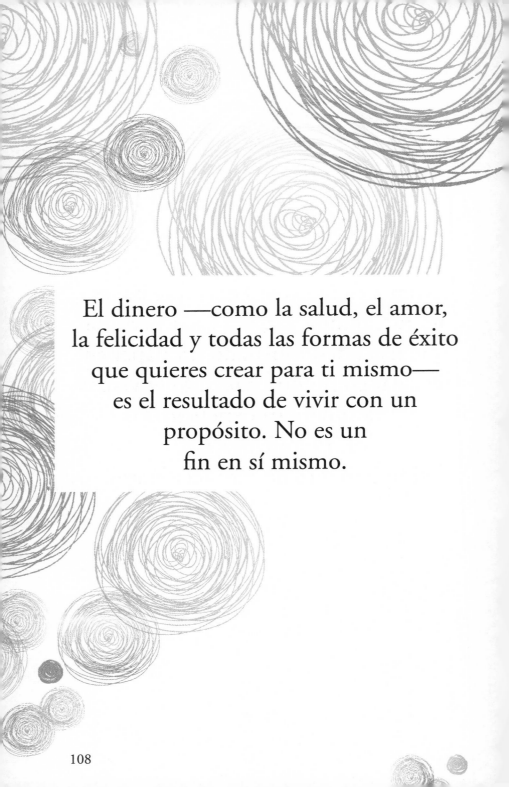

El dinero —como la salud, el amor,
la felicidad y todas las formas de éxito
que quieres crear para ti mismo—
es el resultado de vivir con un
propósito. No es un
fin en sí mismo.

Nunca puedes fracasar en nada
de lo que intentes hacer. Solo puedes
producir ciertos resultados.

Rodéate de
altos niveles de confianza,
optimismo, aprecio,
reverencia, alegría y amor cuando
participes en cada actividad
de tu vida.

En cuanto empieces a trabajar
tus áreas problemáticas mediante
pequeños objetivos diarios orientados
al éxito, los problemas desaparecerán.

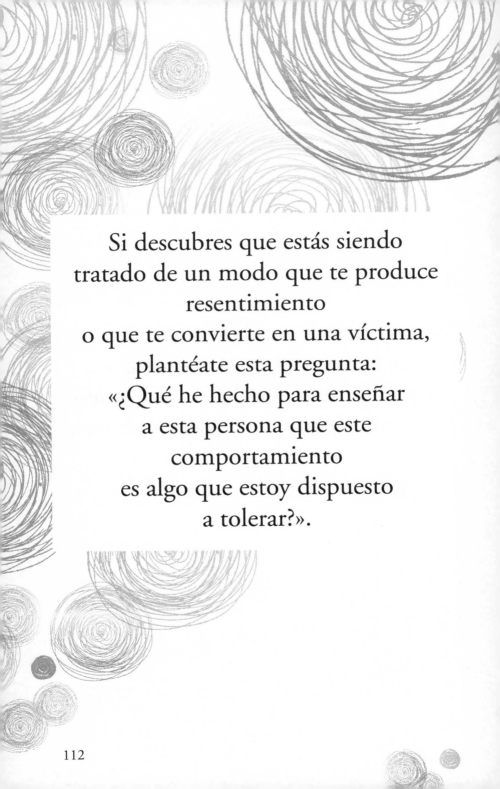

Si descubres que estás siendo
tratado de un modo que te produce
resentimiento
o que te convierte en una víctima,
plantéate esta pregunta:
«¿Qué he hecho para enseñar
a esta persona que este
comportamiento
es algo que estoy dispuesto
a tolerar?».

El uso de imágenes mentales es una de las estrategias más sólidas y eficaces para hacer que ocurra algo que deseas.

Hacer lo que más te gusta es la piedra angular para tener abundancia en la vida.

Tómate algún tiempo para estar
en silencio y repetir el sonido de
la palabra Dios como un mantra
interno. La meditación
te permite establecer contacto
consciente con tu Fuente
y alcanzar el éxito en todas las áreas
de tu vida.

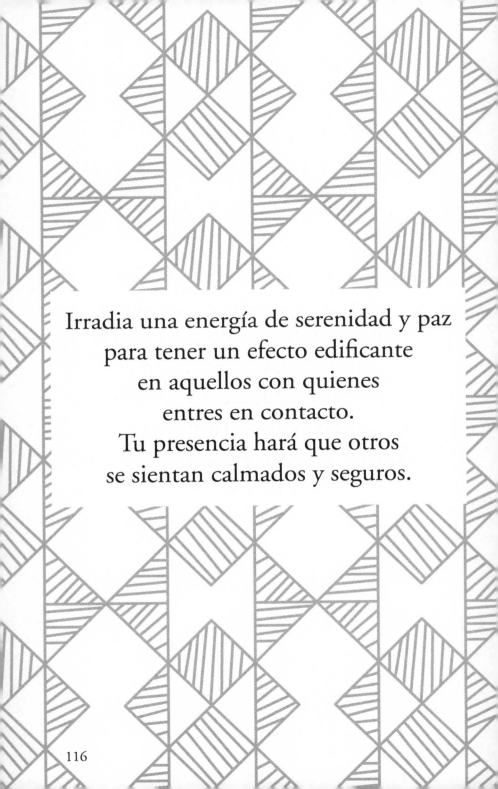

Irradia una energía de serenidad y paz
para tener un efecto edificante
en aquellos con quienes
entres en contacto.
Tu presencia hará que otros
se sientan calmados y seguros.

Tú no eres lo que tienes
y tú no eres lo que haces;
tú eres un ser infinito, Divino,
disfrazado de persona exitosa
que ha acumulado
cierta cantidad de cosas.
*Esas cosas no son tú.*

Una persona de éxito no es
alguien que gana mucho
dinero. Una persona de éxito
lleva el éxito a todo
lo que hace, y el dinero
es una de las recompensas.

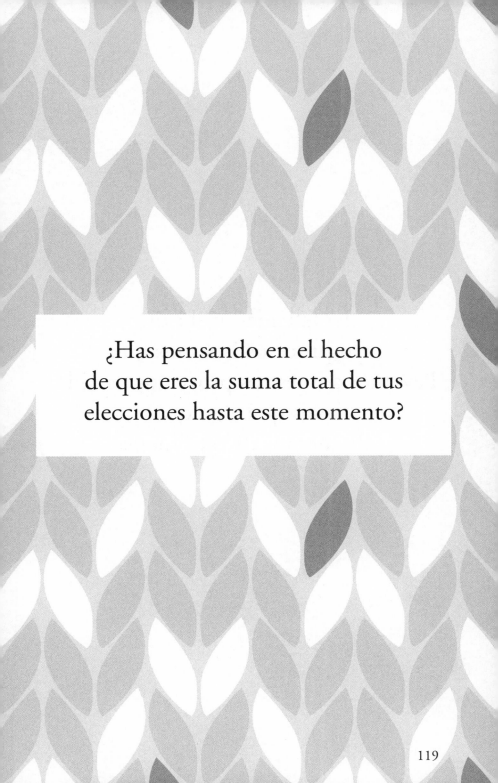

¿Has pensando en el hecho
de que eres la suma total de tus
elecciones hasta este momento?

La felicidad y el éxito
son procesos internos que
llevamos a nuestros proyectos de vida,
más que algo que
obtenemos de «ahí fuera».

Si estás
experimentando escasez,
angustia, depresión,
ausencia de amor —o cualquier
incapacidad de atraer lo que
deseas—, contempla seriamente
cómo has estado atrayendo
estas circunstancias
a tu vida.

Piensa en esto. Si todavía
estás trabajando en la carrera
profesional
que elegiste cuando eras joven,
hazte esta pregunta hoy:
*¿Pediría consejo para conocer mi
vocación a un adolescente?*

En los negocios o en tu vida personal, cuanto más trates de forzar algo para tu propio beneficio, menos disfrutarás de lo que tan desesperadamente buscas.

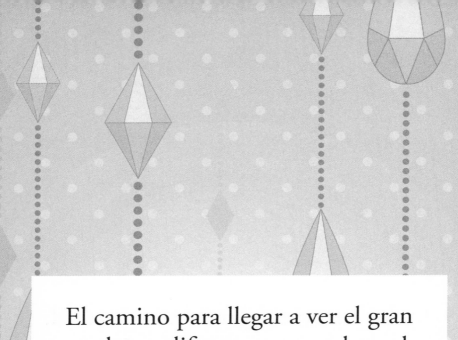

El camino para llegar a ver el gran
cuadro es diferente para cada cual,
pero hay que entender
que, de hecho, el gran cuadro
ya está *ahí*.

Si tienes un patrón de ver
a los demás como fracasados,
date cuenta de que este patrón es una
evidencia de lo que *estás* atrayendo
a tu vida.

Algunas personas viven setenta años, y hay personas que viven un año setenta veces, repitiendo lo que han hecho, una y otra vez, en nombre de un reloj de oro o de alguna otra cosa.

Siente la necesidad de
percibirte superior viendo
el despliegue del Espíritu
en cada uno.
No evalúes a otros en función
de su apariencia,
de sus logros y posesiones.
Recuerda: *Todos somos iguales
a los ojos de Dios*.

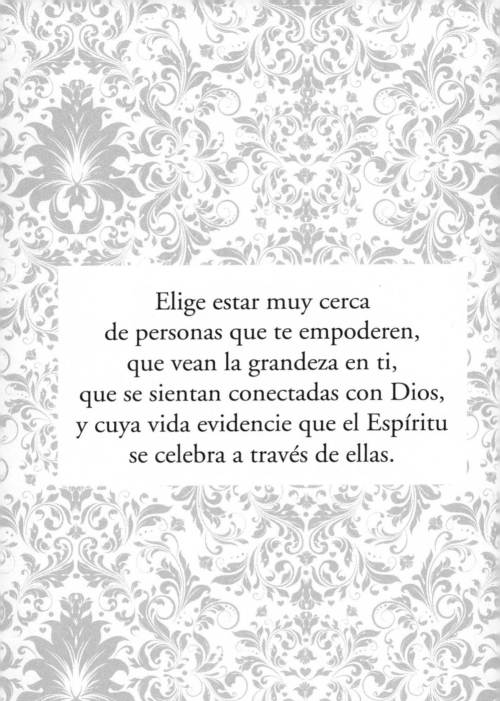

Elige estar muy cerca
de personas que te empoderen,
que vean la grandeza en ti,
que se sientan conectadas con Dios,
y cuya vida evidencie que el Espíritu
se celebra a través de ellas.

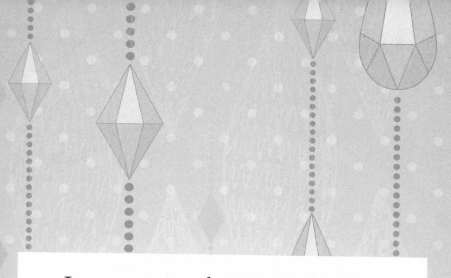

Las personas de éxito aprenden
a *pensar desde el final*; es decir,
experimentan aquello hacia lo que
desean dirigir su intención
antes de que se presente
en la forma material.
Tú puedes hacer lo mismo.

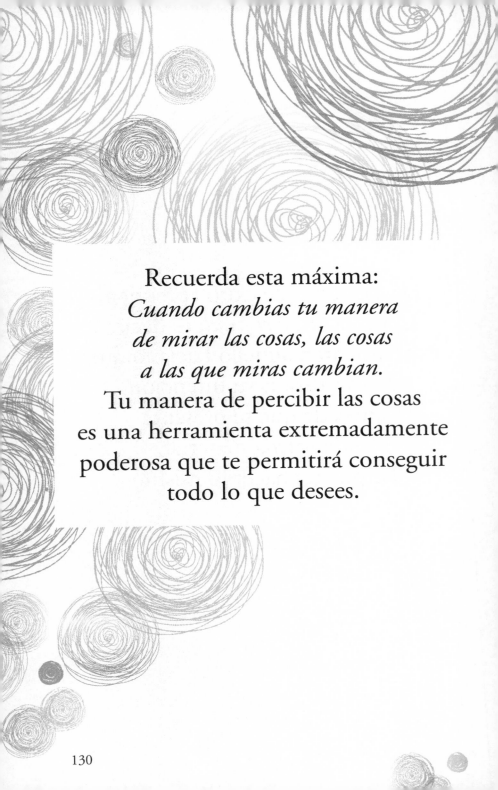

Recuerda esta máxima:
*Cuando cambias tu manera
de mirar las cosas, las cosas
a las que miras cambian.*
Tu manera de percibir las cosas
es una herramienta extremadamente
poderosa que te permitirá conseguir
todo lo que desees.

No existe un *camino* hacia el éxito;
el éxito es una actitud interna
que tú llevas a tus tareas.

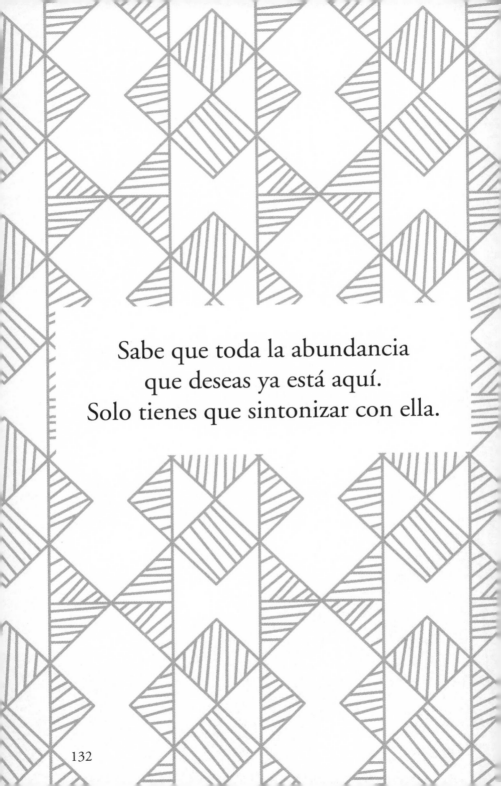

Sabe que toda la abundancia
que deseas ya está aquí.
Solo tienes que sintonizar con ella.

Aunque no sepas lo que
hacer o cuál es tu misión,
necesitas igualmente practicar
el crear esa visión.

Si no tienes confianza en
ti mismo, muévete y
haz cualquier cosa que te haga
sentirte mejor contigo mismo.

Si practicas
el mantener la compostura,
y recuerdas que el comportamiento
de otra persona le pertenece a ella,
y que no puede alterarte
a menos que tú se lo permitas,
no te convertirás
en una diana involuntaria.

Lo opuesto al coraje
no es tanto el miedo
como la conformidad.

¿Por qué no mirar toda tu vida
como el despliegue de un plan
en el que participaste
antes de llegar aquí? Al hacer esto,
pasarás de culpar a otros
y a las circunstancias
a ser responsable y
sentir tu propósito.

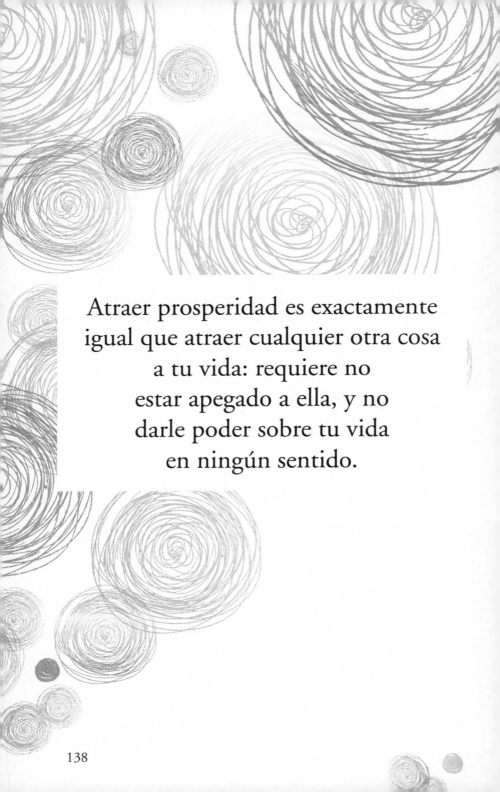

Atraer prosperidad es exactamente igual que atraer cualquier otra cosa a tu vida: requiere no estar apegado a ella, y no darle poder sobre tu vida en ningún sentido.

En tus quehaceres de cada día, escucha esas señales internas que te ayudan a realizar las elecciones correctas con independencia de lo que piensen los demás.

Cooperación y amor
—juntos— hacen que todo vaya
sobre ruedas en este mundo.

Sin importar cuál sea tu situación
actual en la vida, tienes el contrato
espiritual de hacer de la alegría tu
constante compañera.
Sabe que no tienes que vivir una
vida llena de actividades que
no te den alegría.

Si tienes un resbalón, no significa
que seas menos valioso. Simplemente
significa que tienes algo que
aprender de haber resbalado.

Las personas más funcionales dicen: «Estoy bien donde estoy, pero aún puedo crecer».

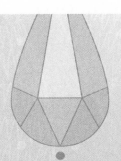

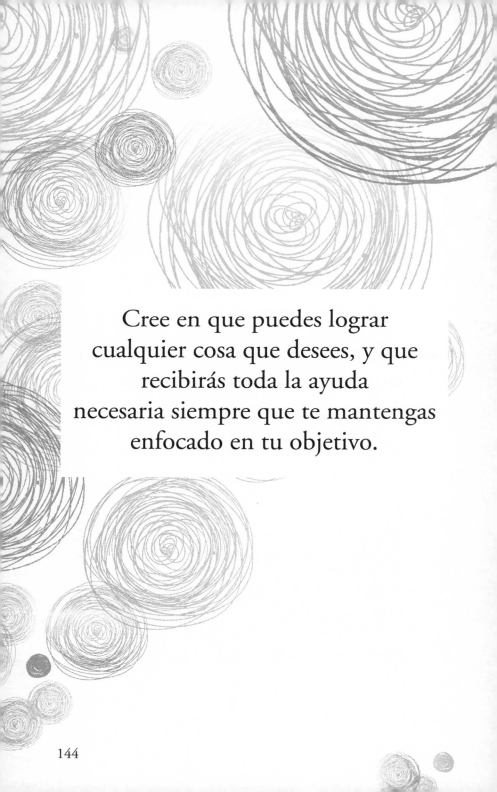

Cree en que puedes lograr
cualquier cosa que desees, y que
recibirás toda la ayuda
necesaria siempre que te mantengas
enfocado en tu objetivo.

Haz inventario
de aquellos que fueron
fuerzas negativas en
tu pasado, y busca
de qué maneras sus
acciones podrían haber sido
bendiciones disfrazadas.

Incluso estando en las cloacas,
tienes la opción de mirar
a las estrellas.

A medida que dices
tu verdad sin ser hiriente o arrogante
en ningún sentido, reconectas con
la energía de la que emanaste
originalmente.

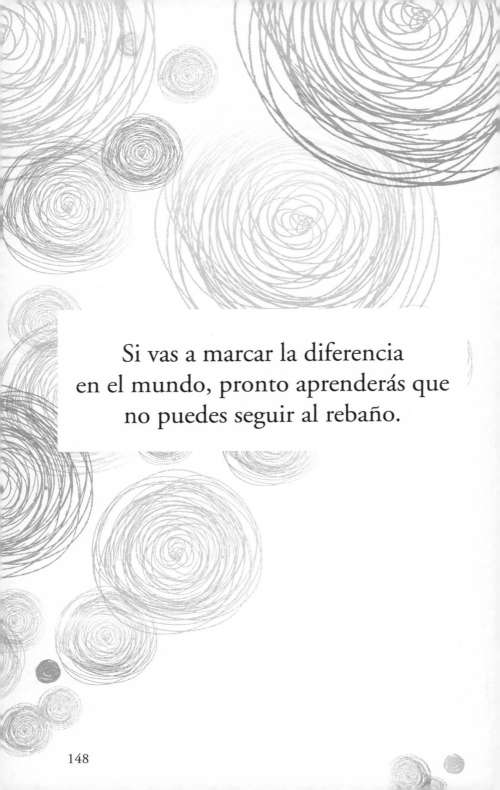

Si vas a marcar la diferencia
en el mundo, pronto aprenderás que
no puedes seguir al rebaño.

Procura ver a cada persona
que venga a tu vida
como un maestro.

Tienes que ir más allá de las
ideas de tener éxito y fracasar,
puesto que son juicios.
Permanece en el proceso y permite
que el Universo se ocupe
de los detalles.

Si has sido
adicto a una sustancia dañina,
a comer en exceso o, incluso, a ser
un felpudo, escucha la voz interna
que te implora ser grande en lugar
de pequeño y dar un paso
corrector.

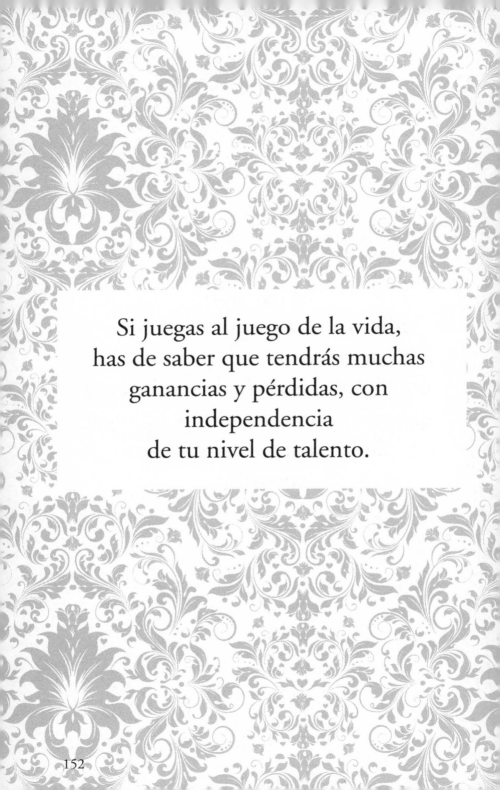

Si juegas al juego de la vida,
has de saber que tendrás muchas
ganancias y pérdidas, con
independencia
de tu nivel de talento.

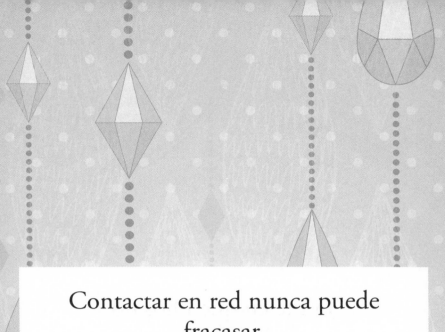

Contactar en red nunca puede fracasar.

Es muy poderoso porque continúas creando más fuentes de poder. Funciona como una progresión geométrica.

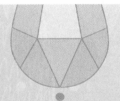

Ten fe en que Dios no
te enviará nada que no seas
capaz de manejar. Puedes decidir
que la palabra *miedo* es
un acrónimo de ¡falsa evidencia
que parece real![1]

---

1 En el original *fear: false evidence appearing real.* (N. del t.)

Recuérdate constantemente
que estás aquí
por una razón, y no es para acumular
muchas cosas materiales.

Cuando estás en paz con tu
vida y en un estado de tranquilidad,
en realidad envías una vibración
energética que impacta en todas las
criaturas vivientes,
incluyendo las plantas, los animales,
¡e incluso los bebés!

Antes de hablar,
recuerda que la gente respeta mucho
a quienes están dispuestos
a decir su verdad… y
todavía más a quienes *viven* la verdad
que sienten.

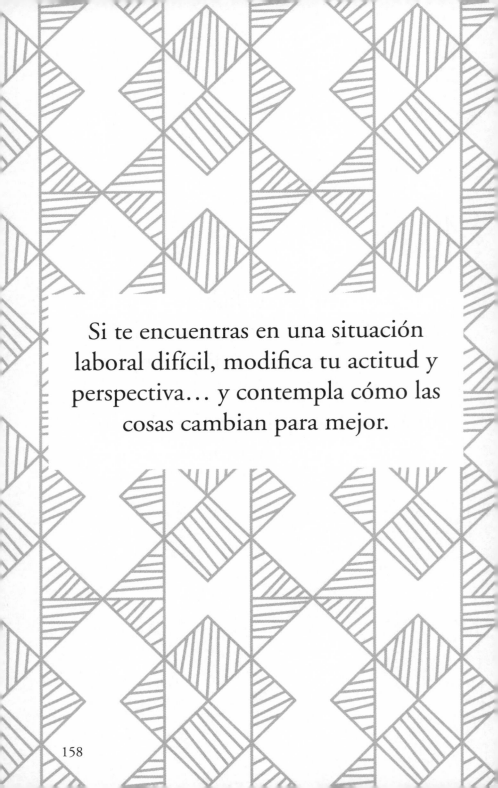

Si te encuentras en una situación laboral difícil, modifica tu actitud y perspectiva… y contempla cómo las cosas cambian para mejor.

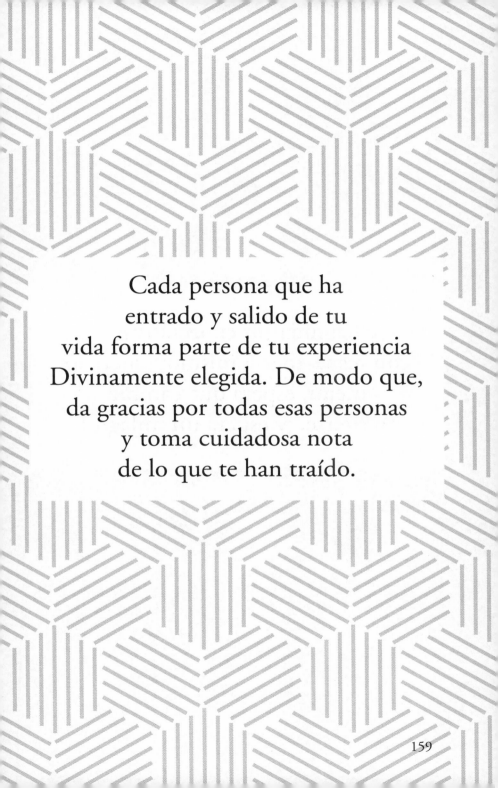

Cada persona que ha
entrado y salido de tu
vida forma parte de tu experiencia
Divinamente elegida. De modo que,
da gracias por todas esas personas
y toma cuidadosa nota
de lo que te han traído.

Cambia tus expectativas
con respecto a ti mismo: espera lo
mejor, espera que cambie
tu suerte, ¡y espera un milagro!

Pensar en dónde has estado o
en lo que hiciste mal en el pasado son
impedimentos para tener una
vida exitosa. En un Universo
interminable, sin principio ni fin,
no hay pasado.

Procura liberarte de
asignar un valor monetario a
todo lo que tienes, haces y
dices. Haz lo que tu corazón te diga
que te va a dar alegría, en lugar
de determinar si te
saldrá barato.

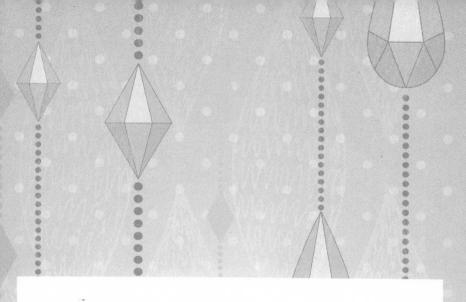

Tus límites con respecto al éxito están definidos por el acuerdo al que has llegado sobre lo que es posible. Cambia ese acuerdo y puedes disolver todos esos límites.

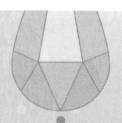

Nuestra propia valía no puede ser verificada por otros. Eres valioso porque tú dices que es así. Si dependes de alguien para establecer lo que vales, esa valía es de otro.

Deja de culpar a tu esposa por tu infelicidad, a tus padres por tu falta de motivación, a la economía por tu estatus social, a tu infancia por tus fobias, y a cualquier otra cosa a la que eches la culpa.
Eres el resultado de las elecciones que *tú* has hecho en tu vida.

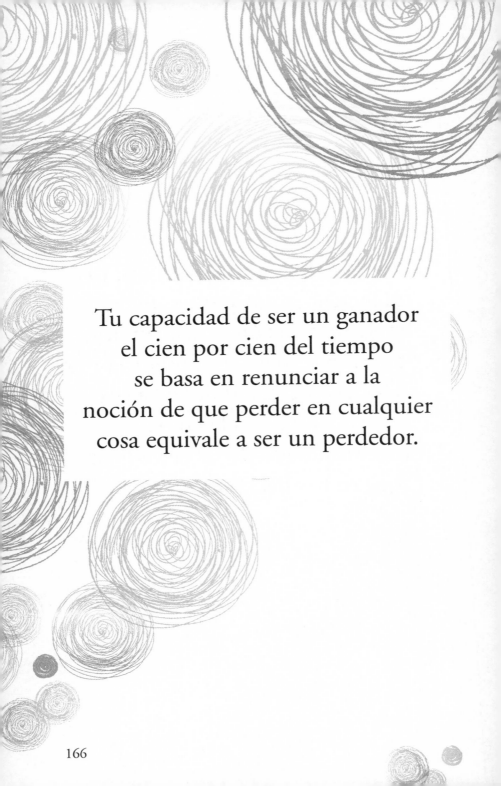

Tu capacidad de ser un ganador
el cien por cien del tiempo
se basa en renunciar a la
noción de que perder en cualquier
cosa equivale a ser un perdedor.

Si estás apegado a cómo las cosas *deberían* estar yendo, vas a encontrar sufrimiento en tu vida.

La abundancia consiste en mirar la vida y saber que tienes todo lo que necesitas para la felicidad completa y, a continuación, ser capaz de celebrar todos y cada uno de tus momentos en la Tierra.

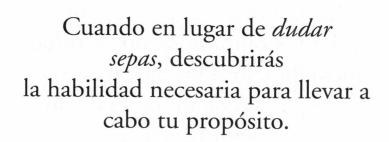

Cuando en lugar de *dudar*
*sepas*, descubrirás
la habilidad necesaria para llevar a
cabo tu propósito.

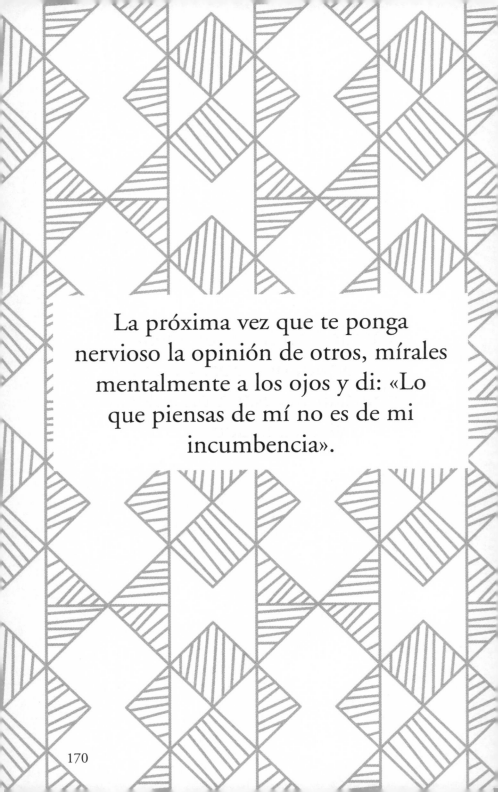

La próxima vez que te ponga nervioso la opinión de otros, mírales mentalmente a los ojos y di: «Lo que piensas de mí no es de mi incumbencia».

¿Has notado alguna vez
que algunas personas nunca
tienen bastante, mientras que otras
siempre tienen suficiente?

La actitud ganadora es
la que te permite pensar siempre
en ti mismo como un ganador
y, al mismo tiempo, te deja
espacio para crecer.

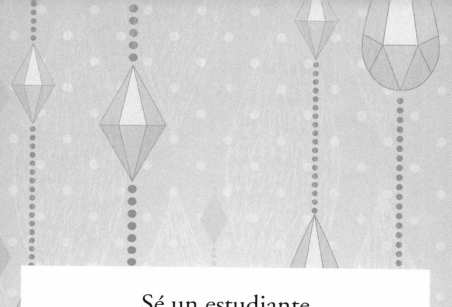

Sé un estudiante
al mantenerte abierto
y dispuesto a aprender
de todos
y cada uno.

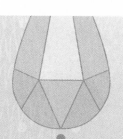

Haz que la cooperación
y el servicio sean la regla en todos
tus tratos comerciales.

Tú sales al mundo
y eres quien eliges
ser, y a algunas personas les
gustará y a otras no.
Simplemente, así son las cosas.

Tienes el poder de llegar a ser
lo que quieras. Establece
tus expectativas para ti mismo,
sabiendo que te convertirás
en aquello en lo que pienses.

Eres único en todo el mundo.

Tú no eres lo que haces,
de modo que no te equipares con tu
trabajo ni con tus logros.

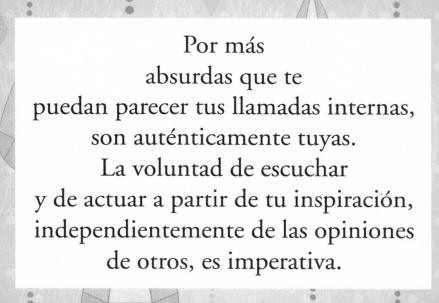

Por más
absurdas que te
puedan parecer tus llamadas internas,
son auténticamente tuyas.
La voluntad de escuchar
y de actuar a partir de tu inspiración,
independientemente de las opiniones
de otros, es imperativa.

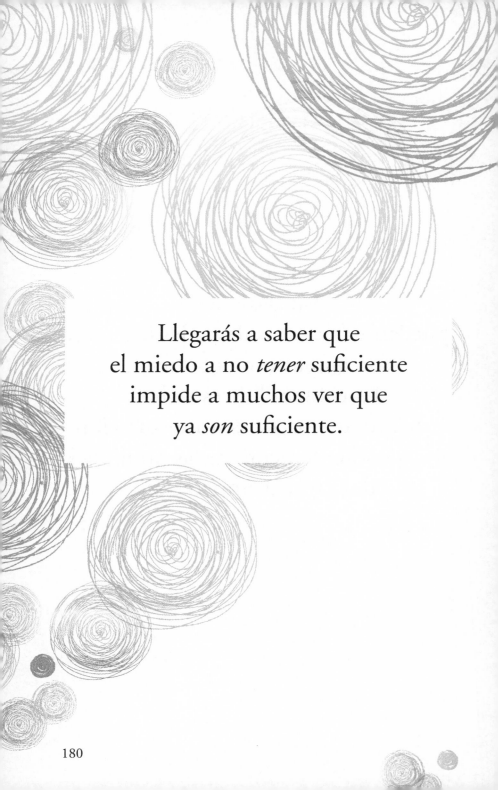

Llegarás a saber que
el miedo a no *tener* suficiente
impide a muchos ver que
ya *son* suficiente.

Puesto que el Universo funciona mediante la Ley
de Atracción, cuando digas: «Dame, dame, dame», responde con
la misma actitud.
Pero cuando preguntes:
«¿Cómo puedo compartir?», el Universo responderá:
«¿Cómo puedo *yo* compartir *contigo*?».

Solo te sientes atascado
si decides estarlo.
Por lo tanto, decide otra cosa.

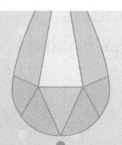

Haz las paces con el silencio
y recuérdate  que es en este espacio
donde llegarás a recordar tu espíritu.
Cuando eres capaz de transcender
la aversión al silencio, también
transciendes muchas otras aflicciones.

Cuando te alejas de
la acumulación y de los logros
externos, te permites ser guiado
hacia un propósito.

Estate atento para ver
la fuerza de Dios por todas partes,
en cada cosa viviente. Date
cuenta de que esta fuerza
te ha otorgado muchas bendiciones
a lo largo de tu vida, y
continúa haciéndolo.

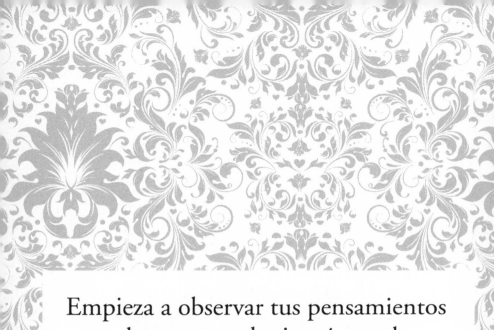

Empieza a observar tus pensamientos
y date cuenta de si estás yendo
en la dirección equivocada. Puedes,
mediante un esfuerzo consciente,
dar un giro completo hacia nuevos
pensamientos.

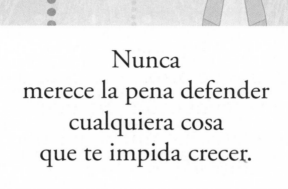

Nunca
merece la pena defender
cualquiera cosa
que te impida crecer.

Tu reputación está
en manos de otros. Eso es lo que es
una reputación. No puedes
controlarla. Lo único que puedes
cóntrolar es tu carácter.

En prácticamente
todas las áreas de tu vida,
cuanto más das,
más recibes.

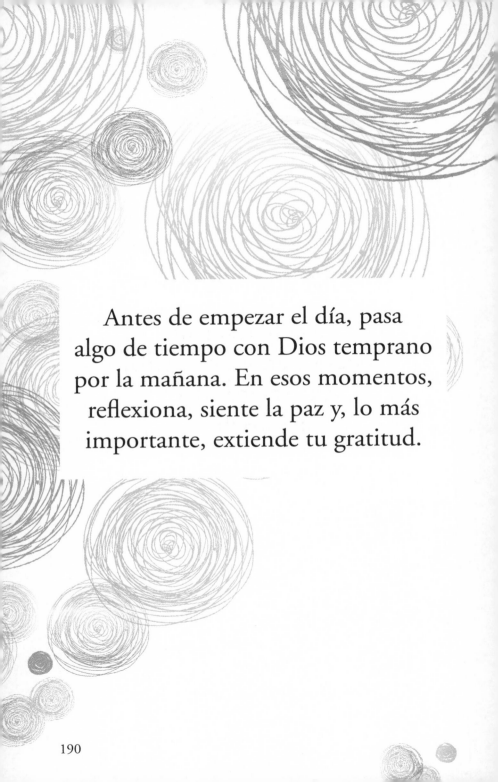

Antes de empezar el día, pasa algo de tiempo con Dios temprano por la mañana. En esos momentos, reflexiona, siente la paz y, lo más importante, extiende tu gratitud.

Elige asociarte con
personas de éxito.
Pero primero tienes que identificar
a los inspirados y a los inspiradores,
a los individuos que se han elevado
por encima de sus egos y de las
vanidades del mundo.

Extiende algún tipo de generosidad
inesperada hacia alguien,
preferiblemente un
extraño, cada día durante
dos semanas. Cuanto más practiques
la generosidad, más
impacto tendrás en otros.

Siéntete agradecido a todas esas personas que te han dicho no. Gracias a ellas, has conseguido hacerlo por tu cuenta.

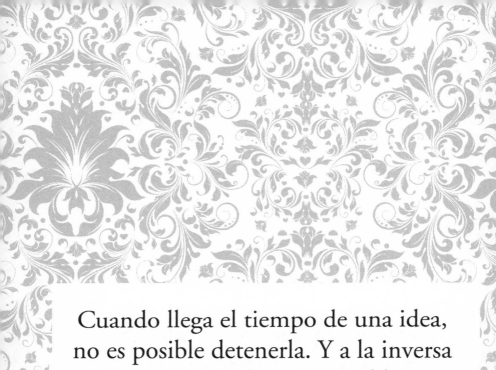

Cuando llega el tiempo de una idea, no es posible detenerla. Y a la inversa también es verdad: no es posible crear una idea cuyo momento aún no ha llegado.

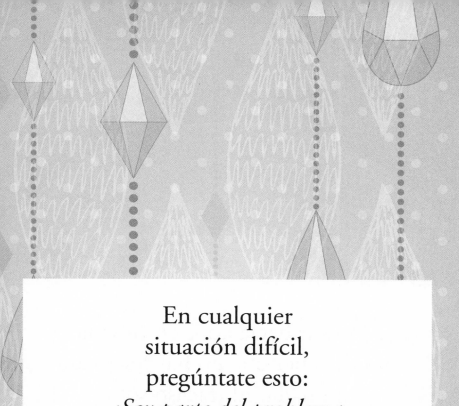

En cualquier
situación difícil,
pregúntate esto:
*¿Soy parte del problema
o de la solución?*

Al mirar hacia atrás en tu vida, has de saber que no has fracasado en nada. El fracaso solo está en tu mente.

La forma más aguda de ignorancia
es rechazar algo
de lo que no sabes nada.

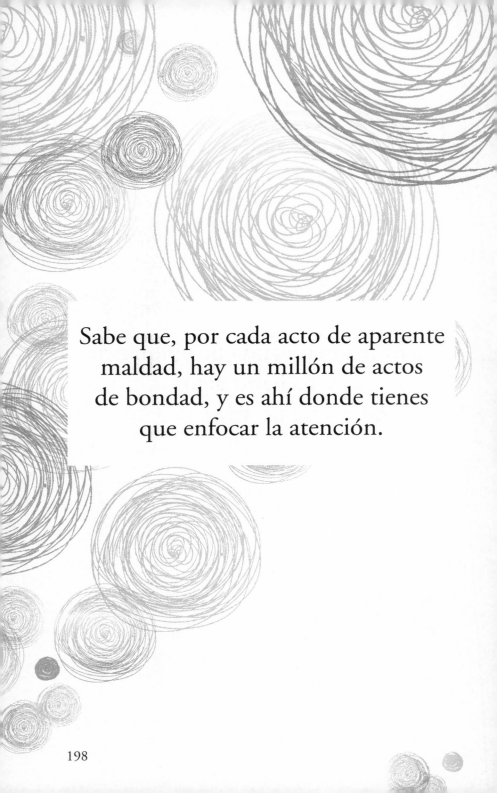

Sabe que, por cada acto de aparente maldad, hay un millón de actos de bondad, y es ahí donde tienes que enfocar la atención.

Sé consciente de que cualquier cosa
que te inmovilice,
que se interponga en tu camino
o que te aleje de tus objetivos
es solo tuya.
Puedes desprenderte de ella
cuando así lo elijas.

Recuérdate que, si
puedes concebirlo en tu mente,
puede ser llevado al
mundo físico.

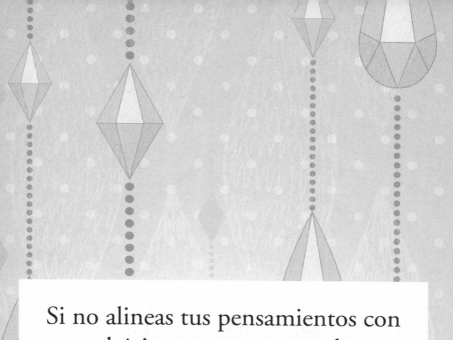

Si no alineas tus pensamientos con el éxito que eres capaz de atraer, el peso de los pensamientos dominantes alejará el fiel de la balanza de una vida equilibrada.

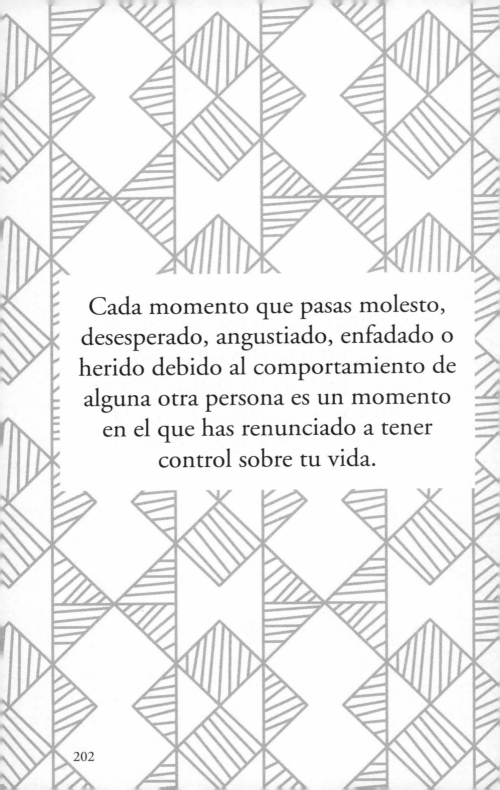

Cada momento que pasas molesto, desesperado, angustiado, enfadado o herido debido al comportamiento de alguna otra persona es un momento en el que has renunciado a tener control sobre tu vida.

Las dos emociones que menos
necesitas en la vida son
la culpa y la preocupación.

Fracaso
es un juicio
o etiqueta
impuesto
por otros.

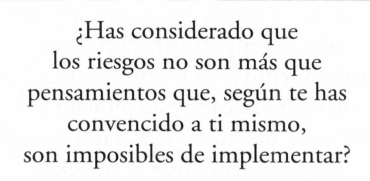

¿Has considerado que
los riesgos no son más que
pensamientos que, según te has
convencido a ti mismo,
son imposibles de implementar?

Cada pensamiento de frustración es como comprar una entrada para obtener más frustración. Cada pensamiento acorde con la sensación de estar atascado está pidiendo al Universo que te envíe todavía *más* de ese pegamento que te *mantiene* atascado.

Comprométete a pensar en
lo que quieres, más que
en lo imposible o difícil que un
sueño pueda parecer.

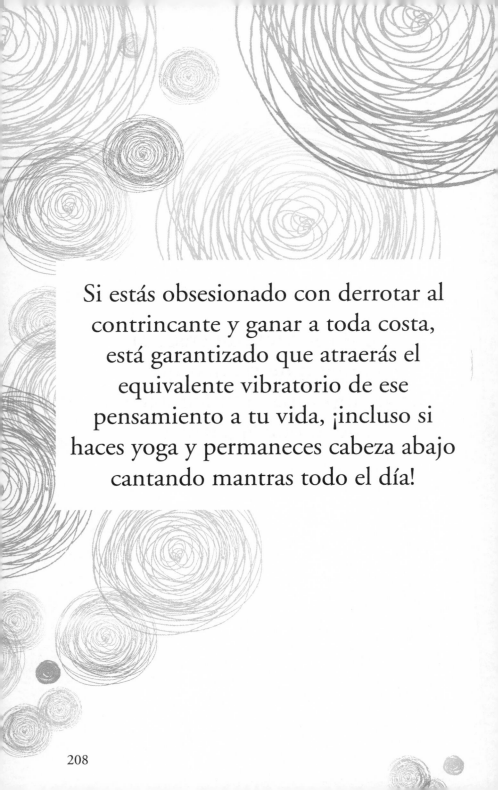

Si estás obsesionado con derrotar al contrincante y ganar a toda costa, está garantizado que atraerás el equivalente vibratorio de ese pensamiento a tu vida, ¡incluso si haces yoga y permaneces cabeza abajo cantando mantras todo el día!

Recuerda
siempre que cada
obstáculo es una prueba *y*
una oportunidad.

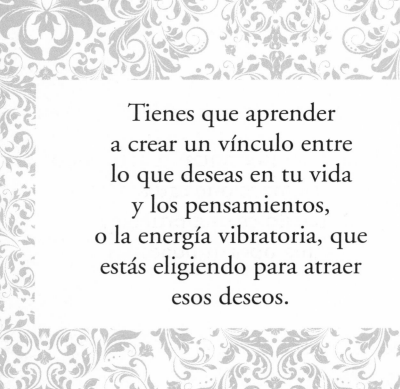

Tienes que aprender
a crear un vínculo entre
lo que deseas en tu vida
y los pensamientos,
o la energía vibratoria, que
estás eligiendo para atraer
esos deseos.

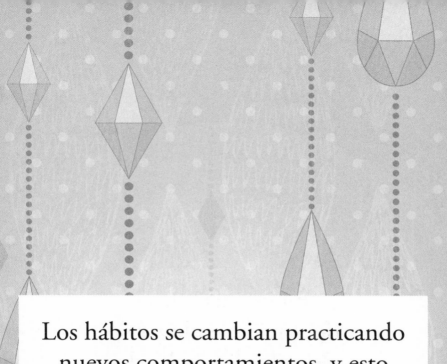

Los hábitos se cambian practicando
nuevos comportamientos, y esto
también es cierto
para los hábitos mentales.

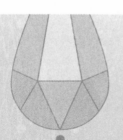

Emite una ráfaga
de aprecio, en lugar de
describir los males del
mundo, y ofrece comentarios
alegres cuando sea
posible.

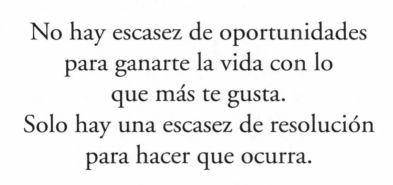

No hay escasez de oportunidades
para ganarte la vida con lo
que más te gusta.
Solo hay una escasez de resolución
para hacer que ocurra.

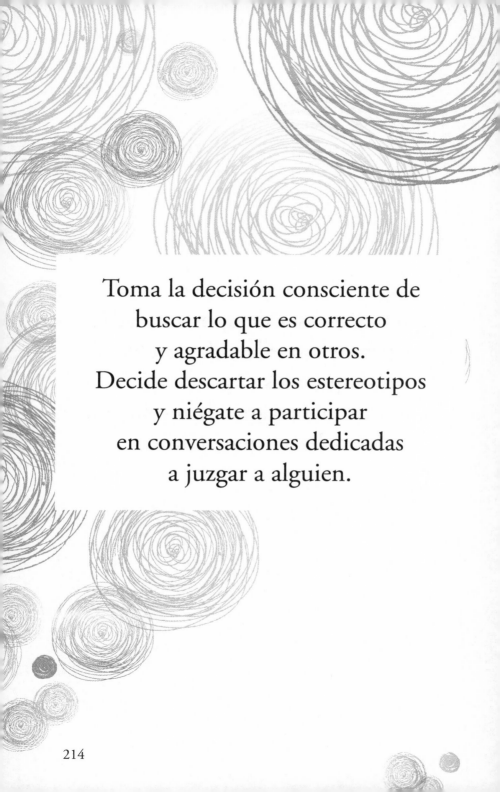

Toma la decisión consciente de
buscar lo que es correcto
y agradable en otros.
Decide descartar los estereotipos
y niégate a participar
en conversaciones dedicadas
a juzgar a alguien.

Si puedes imaginarte
teniendo éxito en algún área de tu
vida, puedes conseguirlo.
Nada de lo que imaginas
en tu mente es imposible.

Si sientes con fuerza que
viniste aquí para un propósito
particular, deberías
cultivar la energía para vivir ese
sueño. Tu situación económica actual
carece de importancia cuando
se trata de cumplir
ese propósito.

Tienes que
seguir recordándote a ti mismo que
eres una parte Divina de Dios.
Sentir que no mereces la
abundancia de Dios
equivale a negar
tu esencia espiritual.

Imagínate viviendo ya
una vida próspera, aunque todavía
no se haya materializado.

Si pareces tener mala suerte,
cambia tus expectativas.
Haz todos los esfuerzos posibles por
estar en equilibrio
con lo que deseas, más que
con lo que has estado atrayendo.

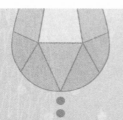

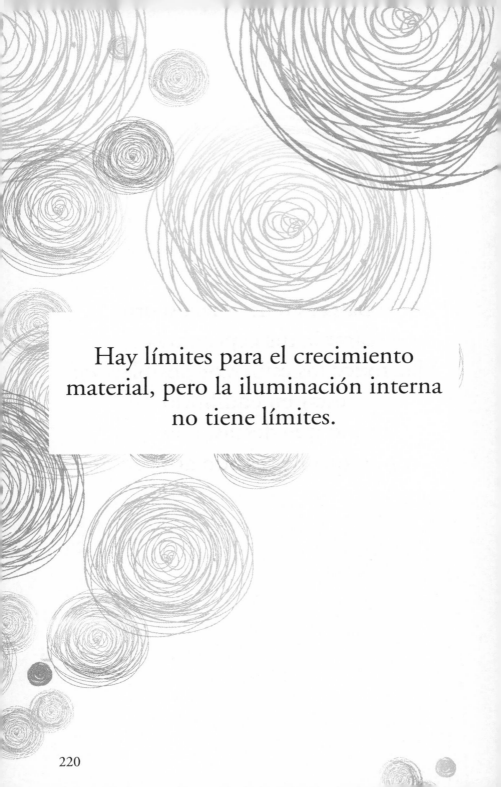

Hay límites para el crecimiento material, pero la iluminación interna no tiene límites.

Conoce en tu corazón que
no necesitas nada más para llegar a
estar completo y, después, observa
que todas esas cosas externas
se hacen cada vez
menos significativas.

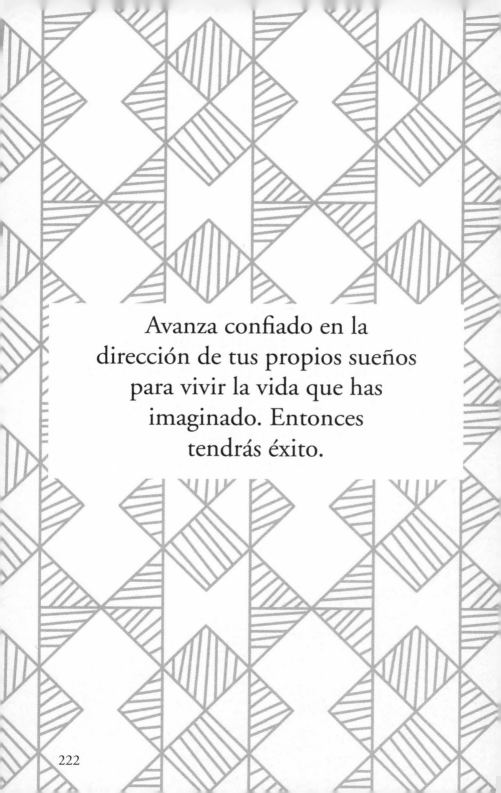

Avanza confiado en la
dirección de tus propios sueños
para vivir la vida que has
imaginado. Entonces
tendrás éxito.

Nómbralo,
y si puedes soñarlo,
puedes conseguirlo.

Cualquier cosa en la que quieras
tener éxito,
puedes hacerla, *¡cualquier cosa!*

# Sobre el autor

Wayne W. Dyer fue un escritor y orador internacionalmente reconocido en el campo del desarrollo personal. Fue autor de más de treinta libros; creó numerosos programas de audio y vídeo; y apareció en miles de programas de radio y televisión. Seis de sus libros, *Manifest Your Destiny, Wisdom of the Ages, There's a Spiritual Solution to Every Problem*, y los éxitos del periódico New York Times *10 Secrets for Success and Inner Peace, The Power of Intention* e *Inspiration* han sido presentados como programas especiales en la televisión nacional pública.

Dyer tiene un doctorado en pedagogía por la Wayne State University y fue profesor asociado de la Saint John's University en Nueva York.

Página web: www.DrWayneDyer.com

# Notas

# Notas